Ute Andresen
Wir sind vier!

Die Autorin:

Ute Andresen, zwischen Bremen und Hamburg geboren, studierte Psychologie, Soziologie und Geschichte in Tübingen und Hamburg, anschließend besuchte sie die Pädagogische Hochschule in München. Aus dem Zufallsberuf Lehrerin wurde schnell der Idealberuf. Inzwischen ist Ute Andresen in der Lehrerausbildung in Thüringen tätig. Neben Kinderbüchern schrieb sie auch Ratgeber über Kinder in der Schule, die bei Erwachsenen großen Anklang finden.

Die Illustratorin:

Susann Opel-Götz, 1963 in Bayreuth geboren, studierte Kunst und Literatur in Frankfurt a. Main und München, anschließend absolvierte sie ein weiterführendes Studium im Fachbereich Buchillustration an der Akademie der Bildenden Künste in München. Inzwischen ist sie eine viel gefragte Kinderbuchillustratorin. Susann Opel-Götz lebt mit ihrer Familie in der Nähe von München.

Ute Andresen

Wir sind vier!

Alle Geschichten von Mama, Papa, Max und Julia

Deutscher Taschenbuch Verlag

Der vorliegende Sammelband umfasst alle Geschichten der
drei Einzeltitel der Reihe dtv junior Lesebär:
›Mama findet alles‹ (75011), ›Papa im Getümmel‹ (75013)
und ›Die Kinder kommen gleich‹ (75015)

Von Ute Andresen ist bei dtv junior außerdem lieferbar.
Mama findet alles, dtv junior Lesebär 75011

Originalausgabe
In neuer Rechtschreibung
Dezember 1999
© 1991, 1992, 1999 Deutscher Taschenbuch Verlag
GmbH & Co. KG, München
Umschlagkonzept: Balk & Brumshagen
Umschlagbild: Susann Opel-Götz
Gesetzt aus der Garamond 17/22˙
Gesamtherstellung: Kösel, Kempten
Printed in Germany · ISBN 3-423-70556-6
dtv junior im Internet: www.dtvjunior.de

Mama findet alles

Ach, Mama!

Mama hat gespart.
Viele Jahre lang
hat Mama gespart.

»Jetzt habe ich genug!«,
sagt Mama.
»Ich melde mich an.«

»Wo?«, fragt Papa.
»Wann?«, fragt Julia.
»Warum?«, fragt Max.

»Beim Arzt«, sagt Mama.
»Gleich morgen früh.
Der Arzt soll mir
meine Ohren anlegen.
Ich mag sie nicht,
wenn sie abstehen.«

»Ach, Mama!«, sagt Max.
»Deine Ohren sind hübsch.
Bitte lass sie so!«

»Ach, Mama!«, sagt Julia.
»Wir kennen dich nur
mit diesen Ohren.
Bitte lass sie so!«

»Ach, Susanne!«, sagt Papa.
»Das sagst du doch nur.
Das meinst du nicht ernst!«

»Doch«, sagt Mama.
»Ich wollte es immer!
Jetzt habe ich
endlich genug Geld.
Ich lasse sie anlegen!«

»Ach, Mama!«, sagt Julia.
»Ich mag deine Ohren.«

»Ach, Mama!«, sagt Max.
»Bitte bleib so wie immer.«

»Ach, Liebste!«, sagt Papa.
»Wir lieben dich alle
so, wie du bist!«

»Ach…!«, sagt Mama.

Rosinen

Mama mag Rosinen.

Sie nascht Rosinen,
wenn sie Kuchen backt.

Sie nascht Rosinen,
wenn sie Müsli macht.

Sie nascht Rosinen
aus der rosa Dose
in der Küche.

Max mag Rosinen nicht.

Er pult die Rosinen
aus dem Kuchen
und legt sie
neben den Teller.

Er fischt die Rosinen
aus dem Müsli
und legt sie
neben die Schüssel.

»Aber Max!«, sagt Mama.
»Für dich!«, sagt Max.

Und dann
nascht Mama die Rosinen,
die Max nicht mag.

Die Lese-Ratte

Um sieben Uhr liest Mama
Julias Stunden-Plan.

Um acht Uhr liest Mama
die Zeitung.

Dann liest Mama
einen Brief von Opa.

Dann liest Mama
eine Einladung von Freunden.

Dann liest Mama
einen Eltern-Brief
von Julias Schule.

Dann liest Mama
Max ein Bilder-Buch vor.

Dann liest Mama
Julias Aufgaben durch.

Dann liest Mama mit Julia
eine Seite im Lese-Buch.

Dann liest Mama,
was sie heute noch tun muss.
Das steht auf einem Zettel.

Dann liest Mama nach,
was es im Fernsehen gibt.

Dann liest Mama
eine Gute-Nacht-Geschichte
für Max und Julia.

Um zehn Uhr geht Mama ins Bett
und liest in einem Roman,
bis ihr die Augen zufallen.
Mama ist eine Lese-Ratte.

Die Panne

Mama war im Zoo.
Sie mag Affen so gern.
Julia war mit im Zoo.
Max war auch mit.

Sie fahren heim.
Das Auto brummt.
Mama summt vor sich hin.

Auf einmal
rumpelt es leise
und immer lauter.

Mama hält an
und steigt aus.

Ein Reifen ist platt.

»Das kann ich nicht!«,
sagt Mama hilflos.
»Das macht Papa!«
Aber Papa ist nicht da.

»Also los!«, sagt Mama
und krempelt energisch
die Ärmel auf.

Mama hebt das Auto hoch.
Der Wagen-Heber hilft ihr.

Mama löst die Schrauben.
Der Schrauben-Schlüssel hilft ihr.

Mama hebt das Rad runter.
Das macht sie allein.

Mama holt das Reserve-Rad
aus dem Koffer-Raum.
Julia hilft ihr.

Mama hebt das Reserve-Rad
auf den leeren Platz.
Max und Julia wollen helfen,
aber Mama will es allein machen.

Mama dreht die Schrauben fest.
Der Schrauben-Schlüssel hilft ihr.

Mama lässt das Auto runter.
Sie strahlt und lacht.

Mama nimmt das platte Rad.
Julia nimmt den Wagen-Heber.
Max nimmt den
Schrauben-Schlüssel.
Alles kommt in den Koffer-Raum.
Mama knallt den Deckel zu.

»Das kann ich jetzt!«,
sagt Mama zufrieden.
Und dann fahren sie heim.

Mama singt ein wildes Lied
von Affen im Urwald.
Max und Julia singen mit.
Es ist sehr laut im Auto.

Mama will ins Kino

Mama will ins Kino gehen,
aber Max und Julia
wollen nicht allein bleiben.

Mama ruft bei Papa an.
»Kannst du kommen?«, fragt Mama.
Aber Papa kann nicht kommen,
er muss noch arbeiten.

Mama ruft bei Oma an.
»Kannst du kommen?«, fragt Mama.
Aber Oma kann nicht kommen,
ihr Bein tut weh.

Mama ruft bei Anita an.

Anita ist Mamas Freundin.

»Kannst du kommen?«, fragt Mama.

Anita lacht.

»Gib mir mal die Julia«, sagt Anita.

Anita redet mit Julia.
Julia hört lange zu.
Dann sagt sie: »Ja, gut!«
Julia gibt Mama den Hörer.

Mama hört lange zu.
Dann sagt sie: »Ja, gut!«
Und dann sagt sie noch:
»Toll! Bis gleich!«

Mama geht ins Kino
zusammen mit Anita.
Und Julia bleibt bei Max.
Toll!

Die kleine Mama

Als Mama klein war,
war sie ungezogen.
Meistens war sie brav,
aber manchmal
war sie ungezogen,
sogar sehr ungezogen.
Und frech war sie auch.

Einmal war die kleine Mama
ganz allein zu Hause.
Da wollte sie ein Bild machen,
ein ganz besonderes Bild
wollte sie machen.
Und was tut sie?

Die kleine Mama
geht an den Schreibtisch
von ihrem Papa
und nimmt den Füller,
der da immer liegt.
Das darf sie nicht.
Es ist ein Füller mit grünen Streifen
und einer goldenen Feder.
Im Füller ist Tinte.

Sie nimmt den Füller
und schraubt ihn auf.
Das darf sie auch nicht.
Dann nimmt sie
ohne zu fragen
ein Blatt weißes Papier
aus Papas Schublade.
Auch das darf sie nicht.

Die kleine Mama
lässt blaue Tinte
auf das weiße Papier tropfen.
Tropf! Tropf! Tropf!
Die Tinte spritzt.

Ein großer Klecks
soll es werden.
Das dauert lange.
Die kleine Mama wartet.

Tropf! Tropf! Tropf!
Der Klecks wird größer
und größer und größer.
Dann ist der Füller leer.

Die kleine Mama
schraubt den Füller zu
und legt ihn wieder hin.
Dann hebt sie das Papier
mit beiden Händen hoch
und trägt es langsam
in die Küche
und legt es sorgsam
auf den Küchentisch.

Der Klecks glänzt.
Die Tinte ist noch flüssig.
Die kleine Mama
faltet das Papier zusammen
und drückt ganz fest drauf.
Sie wartet ein wenig.
Dann faltet sie das Papier
langsam wieder auf.

Der Klecks
hat sich verwandelt:
Ein blaues Ungeheuer
hockt auf dem Papier.
Ein Ungeheuer
mit vier Augen
und mit drei Ohren,
ein böses Ungeheuer!

Die kleine Mama
faltet das Blatt
schnell wieder zusammen
und wirft es
in den Papierkorb.
»Hau ab!«, sagt sie.

Am Abend kam alles raus:
Tinte auf dem Küchentisch,
Tinte auf dem Teppich im Flur,
Tinte auf dem Schreibtisch,
keine Tinte im Füller!

Jeder konnte sehen,
was die kleine Mama
heimlich gemacht hatte.

Jetzt ist Mama groß
und sehr, sehr brav.
Wenn Julia ungezogen gewesen ist,
dann sagt sie zur großen Mama:
»Erzähl mir etwas
von der kleinen Mama!«

Mama findet alles

Mama findet alles.
Julia findet nie etwas.
Max sucht gar nicht.

Julia sucht ihr Lesebuch.
Sie sucht es im Bett.
Sie sucht es im Klo.
Es ist nicht da.

»Das Lesebuch ist weg!«,
jammert Julia.

»Das kann nicht sein!«,
sagt Mama energisch.
»Es hat keine Beine.«

Mama findet das Lesebuch
auf Julias Tisch
unter den Heften.
»Ach!«, sagt Julia.
»Danke, Mama!«

Max will mit Autos spielen.
»Das rote Auto ist weg!«,
jammert Max.

Das kann nicht sein!«,
sagt Mama energisch.
»Es hat keine Beine.«

Max schaut Mama an.
»Aber Räder!«, sagt Max.
»Es ist weg!«

Mama sucht in der kleinen Kiste.
Das rote Auto ist nicht da.

Mama sucht in der großen Kiste.
Das rote Auto ist nicht da.

»Es ist weg!«, sagt Max.
»Es hat Räder.«

Mama sucht unter dem Bett.
Sie findet einen Ball,
aber kein rotes Auto.

Mama sucht unter dem Schrank.
Sie findet einen roten Filzer,
aber kein rotes Auto.

Max schaut zu,
wie Mama sucht.
»Es ist weg!«, sagt Max.
»Halt den Mund!«,
sagt Mama energisch.

Mama sucht unter dem Regal.
Sie findet drei Klötze.
Sie findet Julias Ring.
Sie findet viel Staub.

Ganz, ganz hinten
in der Ecke
unter dem Regal
hinter dem Staub
neben einer Kuh
findet Mama das rote Auto.

»Hach!«, sagt Mama stolz
und wischt sich Staub ab.

»Es war weit weg!«, sagt Max
und gibt Mama einen Kuss.

Komisch

Mama ist wütend.
Mama ist sehr wütend.
Oh, so wütend ist Mama!
Aber sie sagt nicht,
warum sie wütend ist.

Wenn Mama wütend ist,
sagt sie kein Wort.
Sie ist ganz still.

Julia sitzt am Tisch
und sagt auch kein Wort.
Und auch Papa
sitzt ganz still da.

Sie machen sich Gedanken,
aber sie reden nicht.

Nur Max will reden.
»Guck mal!«, sagt Max,
»Mama ist ganz rot.
Sie platzt gleich.«

Da rennt Mama raus.
Papa rennt hinter Mama her.
Max will auch hinterher.
»Bleib da!«, sagt Julia.

Und dann hören sie,
wie Mama und Papa lachen.
Sie lachen und lachen
und lachen.
»Komisch!«, sagt Max.

Mitten in der Nacht

»Was stimmt hier nicht?
Irgendetwas
stimmt hier nicht!«,
murmelt Mama.
Mitten in der Nacht
sitzt sie steif im Bett.

Mama ist wach,
weil ein Krach
sie geweckt hat.
So ein Krach!
Und mitten in der Nacht!

Mama hat Angst.
Ihr ist unheimlich,
so unheimlich schaurig,
so schaurig sonderbar.
Mama hat eine Gänsehaut.

Woher kam dieser Krach
mitten in der Nacht?
Kam er aus dem Bad?
Kam er aus dem Flur?
Kam er aus dem Hof?

Jetzt ist nichts mehr
zu hören.
Es ist totenstill
im ganzen Haus.

Leise, leise
steht Mama auf
und schaut aus dem Fenster
in den Hof.
Da ist nichts zu sehen,
nichts als das Mondlicht,
das hat den ganzen Hof
voll Silber gegossen.

Leise, leise
schleicht Mama zur Tür,
öffnet sie
leise, leise
und schaut in den Flur.
Da ist nichts zu sehen,
nur die roten Stiefel
von Julia
liegen mitten im Flur.

Mama hat kalte Füße.
Sie würde so gerne
ins Bett schlüpfen,
ins mollige Bett.

Aber vorher
muss sie wissen,
woher der Krach kam
mitten in der Nacht.

Leise, leise
geht Mama zum Bad.
Die Tür steht offen.
Auch im Bad
ist nichts zu sehen,
nur Silberlicht
und die kleine Ente
von Julia.

Mama holt tief Luft:
Aus der Küche!
Bestimmt ist der Krach
aus der Küche gekommen!

Warum nur
ist die Tür zur Küche
heute zu?
Sonst steht die Tür
nachts immer offen!
O wie gruselig!

Leise, leise
drückt Mama
die Klinke herunter.
Die Klinke quietscht.

Leise, leise
öffnet Mama
die Tür zur Küche.
Die Tür knarrt.

Wer ist in der Küche?
Wer?

Mama hält die Luft an.
Sie wagt es kaum,
in die Küche zu blicken.
Aber als sie es tut,

ist da nichts zu sehen
als Julias Katze,
die sitzt da und putzt sich.
Warum tut sie das
mitten in der Nacht?

Sonst liegt sie doch
um diese Zeit
bei Julia im Bett
und wärmt ihr die Füße.
»Ach so«, sagt Mama,
»das konntest du nicht.
Die Tür war zu.«

Und Mama streichelt die Katze.
Die Katze schnurrt.

Und jetzt auf einmal
sieht Mama die blauen Scherben
am Boden neben dem Tisch.
Und da weiß sie,
was für ein Krach das war
mitten in der Nacht.

»Mulle, Mulle«,
sagt Mama fröhlich,
»wolltest du wieder
Milch aus dem Topf schlecken?«
Und sie nimmt die Katze
auf den Arm.

»So ein Schreck für Mulle
mitten in der Nacht!«

Und dann nimmt sie Julias Katze
mit in ihr Bett,
in ihr molliges Bett,
und legt sie sich
auf die Füße.

Mulle ist warm
und zufrieden.
Jetzt ist nichts mehr zu hören
im ganzen Haus,
nur Mulle schnurrt leise.

Papa im Getümmel

Papa rührt sich nicht

Es ist Sonntag.
Am Sonntag dürfen
Mama und Papa
so lange schlafen,
wie sie wollen.

 Um sechs Uhr
ist Max wach.
Er schleicht ans Bett
von Mama und Papa.

Mama macht ein Auge auf.
»Ach, Max, so früh!«,
sagt Mama.
Mama dreht sich um.
Papa rührt sich nicht.

Um sieben Uhr
ist Julia wach.
Sie schleicht ans Bett
von Mama und Papa.

Julia schaut Mama an.
Mamas Mund zuckt.
Mama lächelt.
Mama macht die Augen auf.
»Lass mich noch!«,
sagt Mama.
Papa rührt sich nicht.

Um acht Uhr
schleichen Julia und Max
ans Bett von Mama und Papa.
Mama schnarcht leise.
Papa rührt sich nicht.

Um neun Uhr
ist Mama wach
und kommt aus dem Bett.

Mama gähnt.
Mama streckt sich.

»Was macht Papa?«,
fragt Max.
»Papa rührt sich nicht«,
sagt Mama.

»Papa ist langweilig«,
sagt Max.
»Papa ist müde«,
sagt Mama.

»Ich bin auch müde!«,
sagt Julia
und kuschelt sich
in Mamas Bett.
Papa rührt sich nicht.

Feier-Abend

Papa ist Elektriker.
Er arbeitet
den ganzen Tag.

Morgens ist Papa
in der Firma
und repariert
eine Lampe.

Dann geht Papa
mit dem Werkzeug
in die Wäscherei
und repariert
eine Heißmangel.

Dann geht Papa
mit dem Werkzeug
in den Supermarkt
und legt eine Leitung
für eine Tiefkühltruhe.

Dann geht Papa
mit dem Werkzeug
zu Frau Oster
und repariert
eine Steckdose.

Dann baut Papa
an der Haustür
von Frau Oster
eine Sprechanlage ein.

Dann geht Papa
mit dem Werkzeug
in die Firma.
Papa repariert noch
ein Heizkissen
und einen Fön.

Abends geht Papa
ohne Werkzeug
nach Hause.
Papa hat frei.

Mama wartet schon
auf Papa.
Im Wohnzimmer
brennt kein Licht.
Papa soll
die Lampe reparieren.

Aber Papa
zündet Kerzen an.
»Wie gemütlich!«,
sagt Julia.
»Feier-Abend!«,
sagt Papa.

Warum? – Darum!

Papa hat
ein kleines Album
mit Fotos.
Auf jedem Foto
ist Papa zu sehen.

Vorne im Album
ist Papa klein.
Hinten im Album
ist Papa groß.

Von vorne
nach hinten
durch das ganze Album
wird Papa immer älter.

Max will das Album
mit Papa ansehen.
»So rum!«,
sagt Max.
»Von hinten
nach vorne.«

»Warum so rum?«,
fragt Papa.
»Darum so rum!«,
sagt Max.
»Sei nicht frech!«,
sagt Papa.

Ganz hinten im Album
ist Papa elegant:
Haare mit Scheitel,
Anzug mit Krawatte,
schicke Schuhe.

»Lackaffe!«,
sagt Max.
»Sei nicht frech!«,
sagt Papa.

Weiter vorne im Album
ist Papa etwas wild:
ganz lange Haare,
Hose mit Fransen,
keine Schuhe.

»Gammler!«,
sagt Max.
»Sei nicht frech!«,
sagt Papa.

Noch weiter vorne im Album
ist Papa sportlich:
ganz kurze Haare,
Badehose,
braune Haut.

»Wie ich!«,
sagt Max.
»Stimmt genau!«,
sagt Papa.
»Du bist ja auch mein Sohn!«

Ganz vorne im Album
ist Papa niedlich:
gar keine Haare,
kleiner Dickbauch,
Zeh im Mund.

»Das kannst du
nicht mehr«,
sagt Max.
»Sei nicht frech!«,
sagt Papa.

Max hebt einen Fuß
bis über den Kopf.
»Bravo!«,
sagt Papa.

»Jetzt du!«,
sagt Max.
»Keine Lust!«,
sagt Papa.

»Warum nicht?«,
fragt Max.
»Darum nicht!«,
sagt Papa.

»Aha!«,
sagt Max.
Max grinst frech.

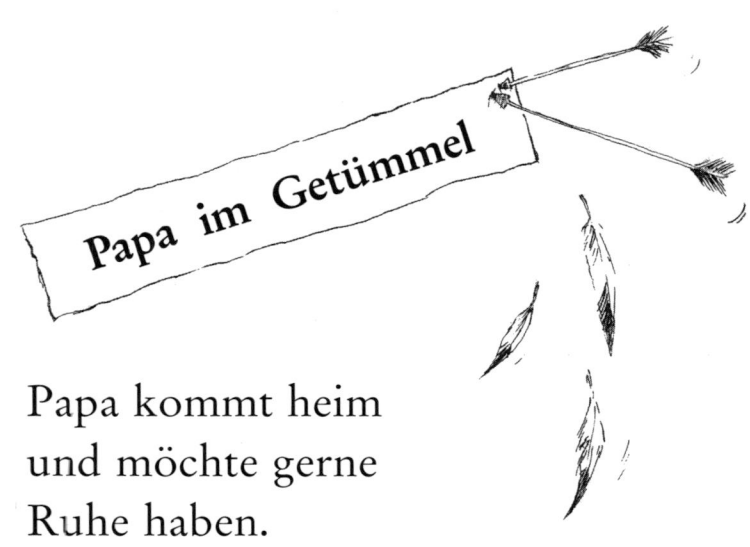

Papa im Getümmel

Papa kommt heim
und möchte gerne
Ruhe haben.

Mama möchte,
dass Papa ihr hilft.
Mama will
Möbel schieben.

Julia möchte,
dass Papa ihr hilft.
Julia will
einen Käfig bauen.

Max möchte,
dass Papa ihm hilft.
Max will mit Freunden
Indianer spielen.
Aber keiner mag
der Feind sein.

»Gut«, sagt Papa,
»ich helfe Max!
Ich lege mich
auf die Lauer.«

Max holt schnell
seine Federn
und seine Mokassins.

Mama rumpelt
mit den Möbeln.

Julia hämmert
auf die Bretter.

Die drei Indianer
machen einen wilden
Kriegstanz.

Der Feind liegt
auf der Lauer
und schnarcht.

Papa hat Hunger

Papa kommt nach Hause.
Papa hat Hunger.
Papas Magen knurrt.

Wo ist Mama?
Papa sucht Mama.
Mama ist nicht da.

Wo ist Julia?
Papa sucht Julia.
Julia ist nicht da.

Wo ist Max?
Papa sucht Max.
Max ist nicht da.

Papa findet
in der Küche
einen Zettel
von Julia.

Lieber Papa
wir sind bei Oma
komm schnell
Julia

»Knurrrr!«,
sagt Papas Magen.
Papa geht zu Oma.

Alle sind bei Oma
in der Küche:
Mama und Max
und Julia.
Alle warten auf Papa.

Das Essen steht
auf dem Tisch.
Das Essen duftet.

»Los!«,
sagt Max.

»Endlich!«,
sagt Julia.

»Guten Appetit!«,
sagt Oma.

»Danke!«,
sagt Mama.

»Knurrrr!«,
sagt Papas Magen.

Papa sagt gar nichts.
Papa isst schon.

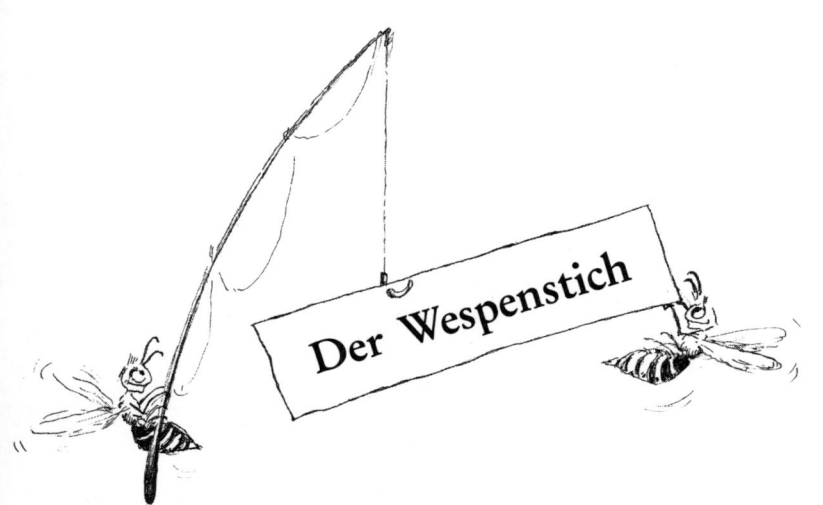

Der Wespenstich

Papa und Erwin
gehen zum Angeln.
Erwin ist Papas Freund.
Max darf auch mit.

Am Abend kommen sie
alle wieder heim.
Erwin trägt zwei Angeln
und zwei Rucksäcke.

Max trägt
seinen kleinen
roten Rucksack
und den Eimer.
In dem Eimer
sind keine Fische.

Papa humpelt hinterher.
Papa trägt nichts.

»Was ist los?«,
fragt Mama.
»Frag bloß nicht!«,
sagt Papa.
»Ich geh ins Bett.«

»Was war los?«,
fragt Julia.

»Es war toll!«,
sagt Max.

»Papa hat sich
auf eine Blume gesetzt.
Und auf der Blume
saß eine Wespe.
Und die Wespe
hat Papa gestochen.«

»Wohin?«,
fragt Julia.
»Denk mal nach!«,
sagt Max.

»In den Po?«,
fragt Julia.
»Wohin denn sonst?«,
sagt Max und grinst.
Julia kichert.

»Ach du liebe Zeit!«,
sagt Mama.
»Der arme Papa!«
Aber Mama kichert auch
ein kleines bisschen.

Mama macht Abendbrot:
Bratkartoffeln
und Spiegelei
und Gurkensalat,
Papas Lieblingsessen.

Max geht zu Papa.
Papa liegt im Bett
auf dem Bauch.

»Soll ich dir
dein Essen bringen?«,
fragt Max.
»Ich komm schon«,
sagt Papa.

Alle sitzen am Tisch.
Papa humpelt herein.
Alle sehen ihn an.

Max grinst.
Julia kichert.
Mama hält sich
die Hand vor den Mund.
»Nette Familie!«,
brummt Papa beleidigt.

»Setz dich hin!«,
sagt Erwin.

Papa setzt sich hin.
»Auuuaaa!«,
schreit Papa
und springt auf.

Erwin prustet los.
»Feiner Freund!«,
sagt Papa.
Papa bleibt stehen.

Mama füllt für Papa
Bratkartoffeln
und Spiegelei
und Gurkensalat
auf einen Teller.

Julia gibt Papa
eine Gabel.
»Dankeschön!«,
sagt Papa.

Max nimmt seinen Teller
und seine Gabel
und stellt sich
neben Papa.

»Hallo Max!«,
sagt Papa.
Papa und Max
essen im Stehen.

Aber dann
prustet Papa los.
Er setzt sich hin
und lacht und lacht.

»Das dachte ich mir!«,
sagt Erwin.
»Ich kenne dich!«

Papa kocht

Mama ist nicht da.
Mama hat frei.
Papa muss kochen.

»Toll!«,
sagt Papa.
»Was kochen wir?«

»Wir kochen Nudeln«,
sagt Max.
»Nudeln sind lecker!«

Max sucht Nudeln.
Nudeln sind nicht da.
Max findet Reis.

»Wir kochen Reis«,
sagt Julia.
»Reis ist lecker!
Reis mit Pilzen.«

Julia sucht Pilze.
Pilze sind nicht da.
Julia findet Erbsen.

»Wir kochen
Reis mit Erbsen«,
sagt Papa.
»Das ist lecker!
Reis mit Erbsen und Ei.«

Papa sucht Eier.
Eier sind nicht da.
Papa findet Käse.

»Toll!«,
sagt Papa.
»Es geht los!«

Papa kocht den Reis.
Papa wärmt die Erbsen.
Papa reibt den Käse.

Julia und Max
decken den Tisch.

Dann essen alle drei
Reis mit Erbsen und Käse.
Lecker, lecker, lecker!

Papa muss verreisen

»Nimm mich mit!«,
sagt Max.
»Es ist nicht schön
ohne dich.«

Papa tröstet Max.
»Ein andermal
darfst du mit!«

»Nimm uns mit!«,
sagt Mama.
Mama gibt Papa
ein Foto:
Max und Mama und Julia
schauen Papa an.

Papa küsst Mama.
»Ich komme bald
wieder heim.«

»Nimm das mit!«,
sagt Julia.
Julia gibt Papa
eine kleine Schachtel.

Auf der Schachtel
sind Rosen gemalt.
Aber was ist
in der Schachtel?

In der Schachtel
sind zwei Knöpfe:
ein schwarzer Knopf
und ein weißer Knopf.

In der Schachtel
sind zwei Fäden:
ein weißer Faden
und ein schwarzer Faden.

In der Schachtel
ist eine Nadel.
»Falls du mal
einen Knopf verlierst«,
sagt Julia.
»Danke«, sagt Papa.

In der Schachtel
ist ein Stift,
ein ganz, ganz kleiner.
»Falls du mal
was schreiben musst«,
sagt Julia

In der Schachtel
ist ein Zettel
mit einer langen Nummer.
Papa kennt sie.
»Falls du mal
anrufen willst«,
sagt Julia.

Auf dem Zettel
steht etwas geschrieben.
»Ich hab dich lieb«,
liest Papa.
»Falls du mal
ganz traurig bist«,
sagt Julia.

Papa umarmt Julia.
»Meine kluge Tochter!«,
sagt Papa.
»Nun kann mir
nichts passieren!«

Dann fährt Papa los.
Julia und Mama und Max
stehen vor dem Haus
und winken, winken, winken.

Papa schaut fern

Max geht zu Papa
und sagt GUTE NACHT.
Papa sitzt im Sessel
und schaut fern.
Papa wartet
auf Fußball.

Julia geht zu Papa
und sagt GUTE NACHT.
Papa sitzt im Sessel
und schaut fern.

Papa hört nicht,
was Julia sagt.
Eben gerade
hat Fußball angefangen.

Das Telefon klingelt.
Mama geht ans Telefon
und ruft Papa:
FÜR DICH, TONI!
Papa hört nicht.
Papa schaut fern.
Eben gerade hat   einer
ein Tor geschossen.

Mama geht zu Papa
und sagt GUTE NACHT.
Es steht 1 zu 1.
Noch zehn Minuten!

ICH KOMME GLEICH,
sagt Papa.
ICH BIN SCHON MÜDE.
Mama geht ins Bett.

Mitten in der Nacht
wacht Papa auf.
Er sitzt im Sessel.
Der Fernseher rauscht.
Fußball ist lange,
lange aus.

Die Kinder
kommen gleich

Julia kann lesen,
alles kann Julia lesen.
Max kann auch lesen,
aber nur ein Wort.

Das eine Wort
von Max ist:
NEIN.
Max kann das Wort
sogar schreiben.

Max macht sich
viele Zettel.
Auf jeden Zettel
schreibt er groß
das eine Wort:
NEIN.

Einen Zettel klebt Max
an seine Türe:
NEIN.
Mama soll nicht
ins Zimmer kommen.

Einen Zettel klebt Max
an seinen Rucksack:
NEIN.
Julia soll nicht
den Rucksack nehmen.

Einen Zettel klebt Max
an den Fernseher:
NEIN.
Papa soll nicht
Fußball anschauen.

Einen Zettel faltet Max
ganz klein zusammen.
Er steckt den Zettel
in sein Spar-Schwein:
NEIN.
Kein Dieb soll
sein Geld stehlen.

Dann lernt Max
das zweite Wort:
ICH.

Julias Katze

Julia hat eine Katze.
Max hat keine Katze.

Manchmal darf Max
Julias Katze streicheln.
Aber nicht lange.

Manchmal darf Max
mit Julias Katze spielen.
Aber nur ein bisschen.

Wenn Max
Julias Katze streichelt,
schnurrt sie
und will immer mehr.

Wenn Max
mit Julias Katze spielt,
zieht er einen Ball
an einem Faden
durch die Wohnung
und die Katze
springt hinterher.

Aber Julia
will nicht zusehen.
Sie nimmt ihre Katze
auf den Arm
und streichelt sie
und redet mit ihr.

Max geht zu Mama
und petzt.
Aber Mama
will ihre Ruhe haben.

Max geht zu Papa
und petzt.
Papa nimmt Max
auf den Schoß
und erzählt ihm
von seinen Fischen.

Als Papa ein Junge war,
hatte er ein Aquarium
mit Fischen.

»Weißt du was«,
sagt Papa,
»du kannst dir doch
zum Geburtstag
Fische wünschen!
Mein altes Aquarium
ist noch da.«

»Ach, Papa!«,
sagt Max.
»Fische kann man doch
nicht streicheln!«
Max seufzt
und denkt lange nach.

»Gut, Papa!«,
sagt Max am Ende.
»Aber meine Fische
füttere nur ich alleine!«
Dann geht Max
zu Julia.

Beide

Papa ist böse auf Julia.
Er redet laut.
Er fuchtelt mit dem Löffel
in der Luft herum.

Julia ist böse auf Papa.
Sie redet laut.
Sie rührt mit dem Löffel
in der Suppe herum.

Mama sitzt
zwischen Julia und Papa.
Sie isst ihre Suppe
und hört zu.

Mal schaut sie Papa an
und hört Papa zu.
Mal schaut sie Julia an
und hört Julia zu.
Mama denkt nach.

Mama sagt lange nichts.
Sie isst still ihre Suppe.

Dann ist ihr Teller leer.
»So!«, sagt Mama.
Sie legt den Löffel weg.
»Beide haben Recht!«

Papa und Julia
sehen sich an
und müssen lachen.
Immer sagt Mama:
»Beide haben Recht!«

»Danke!«, sagt Papa
und isst seine Suppe.
»Danke!«, sagt Julia
und isst ihre Suppe.
Leider ist die Suppe kalt.

Erziehung

Heute gibt es
Himmel und Erde
zum Mittagessen.

»Gleich kommt Erwin«,
sagt Papa.
Erwin ist Papas Freund.

»Erwin liebt
Himmel und Erde«,
sagt Papa.
»Das riecht er
100 Kilometer weit.«

Und richtig:
Es klingelt
an der Tür.
Vor der Tür
steht Erwin.

»Wie das riecht!«,
sagt Erwin.
»Darf ich mitessen?«

Erwin setzt sich
an den Tisch.
Mama gibt Erwin
einen großen Teller
voll Himmel und Erde.

»Wunderbar!«,
sagt Erwin.

Und dann
sagt Erwin nichts mehr,
bis sein Teller leer ist.
»Wunderbar!«,
sagt Erwin noch mal.

»Guckt mal her!«,
sagt Erwin.
Erwin leckt
seinen Teller ab.
Der Teller wird
ganz blank.

»So etwas«, sagt Erwin
zu Max und Julia,
»dürft ihr niemals tun,
wenn ihr zu Besuch seid.
Merkt es euch!«

»Was soll das?«,
fragt Papa.

»Das ist Erziehung!«,
sagt Erwin.
»Ich wollte
es ihnen nur zeigen.«

»Meinst du das?«,
fragt Julia
und leckt auch
ihren Teller ab.

»Ganz genau!«,
sagt Erwin.

»Und Max«,
fragt Erwin,
»hast du mich auch
richtig verstanden?«

»Aber klar!«,
sagt Max.
»Ich bin doch schon fertig.«
Max zeigt seinen Teller.
Er ist ganz blank.

»Brave Kinder!«,
sagt Erwin.
»Gut erzogen!«

Wuff und Wau

Das Telefon läutet.
Julia geht ran
und meldet sich.
»Für dich!«, sagt Julia
und hält Papa
den Hörer hin.

Papa geht ran
und meldet sich.
Dann ist Papa still
und hört lange zu.

Im Telefon bellt
eine laute Stimme.
Papa kneift den Mund
ganz fest zusammen.

Julia nimmt
Papas Hand
und streichelt sie.

Die Stimme
im Telefon
bellt weiter.

»Lass ihn!«,
sagt Julia.

Papa atmet
tief ein
und langsam,
ganz langsam
atmet er
wieder aus.

Julia drückt
Papas Hand.
Papa lächelt
ihr zu.

»Danke!«, sagt Papa.
»Darüber werde ich
einmal nachdenken.«
Mehr sagt Papa nicht.
Er wartet nur.

Im Telefon
ist es ganz still,
eine ganze Weile
ist es still.
Niemand bellt mehr.

Dann knackst es.
Der andere ist weg.
»Flegel!«, sagt Papa
und legt auf.
Papa drückt Julias Hand.

»Wuff!«, macht Julia
und schnappt nach Papa.
»Wau!«, macht Papa
und schnappt zurück.
Und dann spielen sie
zwei wilde Hunde.

Die Kinder kommen gleich

Tante Gerti ist da!
Tante Gerti sitzt
mit Mama und Papa
auf dem Sofa
und wartet.

»Wo bleiben denn
die lieben Kleinen?«,
flötet Tante Gerti.
Sie lächelt süß.

»Ich hole sie!«,
sagt Papa.
Papa steht auf
und geht raus.

Tante Gerti und Mama
sitzen auf dem Sofa
und warten.

»Die lieben Kleinen!«,
säuselt Tante Gerti
und lächelt süß.
Mama sagt nichts.

Julia und Max
wollen nicht kommen.
Das weiß Mama
ganz genau.

Julia hat gesagt:
»Tante Gerti spinnt!«
Und Max sagte:
»Die mag ich nicht!«

Papa kehrt zurück.
Er lächelt schief.
»Die Kinder kommen gleich!«,
sagt Papa.

Papa ist wütend.
Mama ist sauer.
Tante Gerti lächelt süß.
Sie warten
und warten.

»Wo sie nur bleiben?«,
seufzt Tante Gerti.
»Ich hole sie!«,
sagt Mama
und springt auf.
Sie geht raus.

Tante Gerti und Papa
sitzen auf dem Sofa
und hören Geschrei
in der Ferne.

Tante Gerti lächelt süß.
Papa schweigt.

Mama kehrt zurück.
»Die Kinder kommen gleich!«,
sagt Mama
und lächelt gequält.

Mama ist wütend.
Papa ist wütend.
Tante Gerti
lächelt zuckersüß.
Sie warten und warten.

Es klopft.
»Die lieben Kleinen!«,
juchzt Tante Gerti.
»Kommt rein!«,
brüllt Papa.
Die Tür öffnet sich.

Das sind nicht
Max und Julia!

Eine feine Dame
stöckelt herein.
Ein eleganter Herr
schlurft ihr nach.

»Die Kinder kommen gleich!«,
flötet die feine Dame
und lächelt zuckersüß.
Der elegante Herr
grinst breit.

Krach mit Mama

Max ist böse.
O, so böse ist Max!
Mama will nicht,
was Max will.
Max will nicht,
was Mama will.

Und Mama
sitzt am Tisch
und arbeitet
und singt dazu.

Max hält sich
die Ohren zu.
Trotzdem hört er,
wie Mama singt.

Max brummt
in sich hinein.
Trotzdem hört er,
wie Mama singt.

Max geht
in das andere Zimmer.
Trotzdem hört er
durch die Türe,
wie Mama singt.

Max kriecht
in sein Bett
unter die Decke.

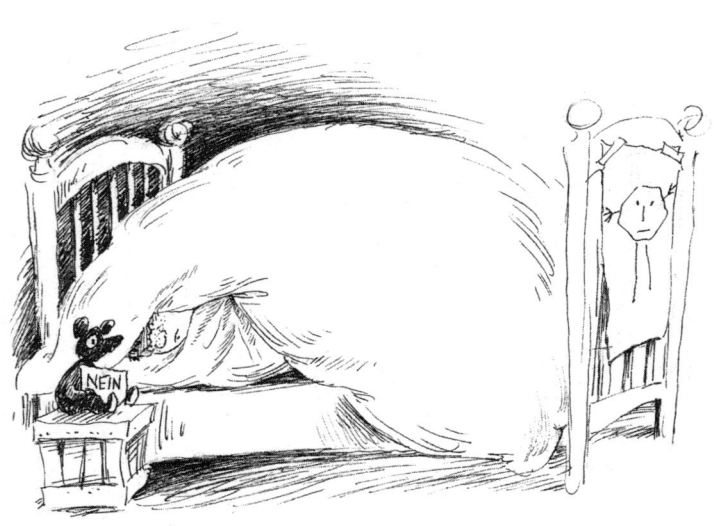

Endlich
hört er nicht mehr,
wie Mama singt.

Max grübelt
und grübelt.
Warum ist Mama
immer so gemein?
Warum ist Mama
immer so stur?
Warum ist Julia
immer nicht da?
Warum singt Mama,
wenn Max böse ist?

Max steht auf
und geht zu Mama.
Er ist sehr böse.

»Wenn Julia kommt«,
sagt Max zu Mama,
»dann geh ich mit Julia
in den Wald
und dann
verlaufen wir uns
und dann
bist du keine Mama mehr!«

Mama hört auf
mit dem Singen.
»Nein, bitte nicht!«,
sagt Mama.
Und dann nimmt sie
ihren Max
ganz, ganz fest
in die Arme.

Max weint ein bisschen.
Und Mama tröstet
ihren lieben Max.

Draußen schneit es.
Julia und Max
sollen schlafen.
Und vorher soll Papa
etwas erzählen.

Papa fängt an:
»Wenn wir morgen früh
ganz und gar
eingeschneit sind,
was machen wir dann?«

»Dann bleiben wir daheim
und essen Pfannkuchen
von morgens bis abends!«,
sagt Julia.
»Nicht schlecht!«,
sagt Papa.
»Was noch?«

»Dann bleiben wir
den ganzen Tag lang
im Bett
und ziehen uns
überhaupt nicht an!«,
sagt Max.
»Wie gemütlich!«,
sagt Papa.
»Was noch?«

»Dann liest du mir
ohne zu meckern
alle meine Bücher vor«,
sagt Max.
»Nicht alle!«,
sagt Papa.
»Fünf sind genug.
Was noch?«

»Dann spielst du
auf der Gitarre
und singst uns was vor«,
sagt Julia.
»Ach herrjemine!«,
sagt Papa.
»Ich habe so lange
nicht mehr gesungen.
Was noch?«

»Dann raufen wir
alle gegen dich
und wir sind stärker«,
sagt Max.
»Drei gegen einen,
das ist feige!«,
sagt Papa.
»Was noch?«

»Dann kannst du
keine Zeitung lesen,
weil der Bote
mit der Zeitung
nicht kommt«,
sagt Julia.
»Wie langweilig!«,
sagt Papa.
»Was noch?«

»Dann nimmst du
die große Schaufel
und schaufelst für uns
einen Weg frei!«,
sagt Mama.
»Immer ich!«,
sagt Papa.
»Was noch?«

»Es schneit nicht mehr!«,
sagt Max.
»Ein Glück!!!«,
sagt Papa.
»Gute Nacht!«

Inhalt

Mama findet alles

Papa im Getümmel

Inhalt

Die Kinder kommen gleich

Für Mädchen und Jungen
ab 6 Jahren

Franz ist schon sechs, aber weil er ein bisschen klein geraten ist, glaubt ihm das keiner. Schlimmer noch: Blond und ringellockig wie er ist, halten ihn auch noch alle für ein Mädchen! Aber einer wie Franz, der weiß sich zu helfen ... Christine Nöstlingers »Geschichten vom Franz« gehören seit Jahren zu den Hits für Leseanfänger.

Band 70524 Ab 6

Band 70474 Ab 7

Band 70499 Ab 7

Lesespaß
von Anfang an

Band 7561 Ab 6

Band 7562 Ab 7

Hanno hat sich sehr auf
die Schule gefreut, aber
dann hänseln ihn alle,
weil er zu dick ist. Das
bedrückt ihn so, dass ihm
nichts mehr gelingen will.
Auf dem Heimweg von
der Schule sitzt er auf
einer Bank und malt mit
einem Stöckchen im Sand.
Da formt sich ein kleiner
Drache und wird leben-
dig. Er will bei Hanno
bleiben ...

Große Druckschrift
für Erstleser

»Nein, das gibt's nicht!«,
sagt Frau Lizzi, als sie einen
winzigkleinen Vampir in
ihrer Wohnung entdeckt.
Nach dem ersten Schre-
cken beschließt sie das
Vamperl mit der Flasche
aufzuziehen – mit Milch
versteht sich, nicht etwa
mit Blut.

Große Druckschrift
für Erstleser

Lesen lernen
mit dem Lesebären

Band 75053

Band 75003

Kleiner Pelz ist einsam. Denn seit sein bester Freund Brunopelz in einen anderen Wald gezogen ist, hat er niemand mehr zum Spielen. Da entdeckt er mitten im Wald ein geheimnisvolles grünes Tor. Mutig geht er hindurch ...

Eigentlich heißt Kleiner Pelz ja ganz anders, aber seine Mutter nennt ihn so, weil er klein und wuschelig ist.
Als ihn der Quonkel Faulpelz schimpft, weil er ihm nicht helfen mag, läuft Kleiner Pelz fort. Fast wäre er im Moor versunken, wenn da nicht die alte Trulla gekommen wäre ...